A2

**Deutsch**

Friederike Wilhelmi

# Glück kommt nicht von allein

**LEKTÜRE FÜR JUGENDLICHE**
**MIT AUDIOS ONLINE**

Hueber Verlag

Cover: © Getty Images/iStock/PeopleImages
Illustrationen: Cornelia Seelmann, Berlin

Einen kostenlosen MP3-Download zu diesem Titel finden Sie unter
www.hueber.de/audioservice.

Sprecherin: Stefanie Dischinger
Hörproduktion: Scheune München mediaproduction GmbH, 80797 München, Deutschland



3. 2. 1. | Die letzten Ziffern
2026 25 24 23 22 | bezeichnen Zahl und Jahr des Druckes.
Alle Drucke dieser Auflage können, da unverändert, nebeneinander benutzt werden.
1. Auflage

Umschlaggestaltung: Sieveking · Agentur für Kommunikation, München
Layout und Satz: Sieveking · Agentur für Kommunikation, München
Verlagsredaktion: Heike Birner, Hueber Verlag, München
Druck und Bindung: Friedrich Pustet GmbH & Co. KG, Regensburg
Printed in Germany
ISBN 978-3-19-448580-8

Art. 530_28910_001_01

# Inhalt



Das Hörbuch zur Lektüre und die Tracks zu den Übungen stehen als kostenloser MP3-Download bereit unter www.hueber.de/audioservice.

# Wer ist wer?

**Ida** ist 15 Jahre alt und geht in die 9. Klasse. Sie liebt Poetry-Slams, deshalb geht sie oft ins Theater. Fast jeden Abend sitzt sie zu Hause und schreibt eigene Texte. Aber die kennen nur ihr Vater, ihr Bruder Emil und ihre beste Freundin Pia. Sie hat Angst, dass andere über ihre Texte lachen.

**Emil** ist 17 Jahre alt und Idas großer Bruder. Er ist sehr gut in Mathematik und hilft seiner Schwester und ihrer Freundin Pia. Er hilft auch Jule. Das macht Emil besonders gern, denn er ist schon lange in Jule verliebt.

**Pia** ist 15 Jahre alt und Idas beste Freundin. Die beiden gehen zusammen in eine Schulklasse. Pia liebt Wellenreiten. Sie steht oft viele Stunden auf der Brücke über dem Eisbach und schaut den Wellenreitern zu. Die Eisbachwelle ist eine Sehenswürdigkeit in München.

**Jule** ist 16 Jahre alt und geht in die gleiche Schule wie Ida, Pia und Emil. Sie hat Probleme in Mathematik und Emil hilft ihr, wenn sie etwas nicht versteht.

**Max Schröder** ist 16 Jahre alt und wohnt in der Zieblandstraße, wie Ida, Emil und Pia. Die drei mögen ihn gar nicht, weil er ein Angeber ist.

---

der Poetry-Slam: → S. 5

das Wellenreiten, der Eisbach, der Wellenreiter, die Wellenreiterin: → S. 15

der Angeber, die Angeberin: jemand findet sich selber toll

**Herr Segal** ist der Vater von Ida und Emil. Er lebt mit den Kindern allein. Seine Kuchen sind die besten Kuchen auf der Welt.

## Was ist was? – Slammer und Poetry-Slam

Ein Slammer oder eine Slammerin ist eine Person, die bei einem Poetry-Slam mitmacht und dort einen kurzen Text liest, den er oder sie selbst geschrieben hat. Auf der Bühne steht nur der Slammer oder die Slammerin mit dem Mikrofon und dem Text. Sonst nichts. Das Thema ist egal. Es kann ein kurzer Krimi sein, eine Liebesgeschichte, ein Gedicht ... Alles darf, nichts muss.
Die Zuschauer geben Punkte. Das ist wie eine Note in der Schule. Die Person mit den meisten Punkten gewinnt.

01 ## Kapitel 1: Ida sagt *Nein!*

Es ist Samstagabend. Die Familie Segal sitzt zusammen am Tisch und isst. Papa erzählt von dem Straßenfest, das am nächsten Freitag in ihrer Straße ist. Jedes Jahr gibt es in der Zieblandstraße ein großes Fest. Da dürfen keine Autos fahren, überall stehen Tische und Bänke und alle Bewohner kommen zusammen. Sie essen, trinken und feiern bis in die Nacht. Es gibt auch eine Bühne und jeder darf etwas zeigen: einen Tanz, ein Lied, ein Gedicht, eine Geschichte. Ganz egal. Alles ist erlaubt.

Ich werde wieder viele Kuchen backen und auf dem Fest verkaufen. Wer will helfen?

Ich helfe dir gern beim Backen. Aber nicht beim Verkauf. Auf dem Fest möchte ich lieber mit meinen Freunden zusammen sein.

Und ich helfe dir beim Verkauf. Aber nicht den ganzen Abend.

Sehr gut. Ich brauche auch nur am Anfang ein bisschen Hilfe. Später am Abend möchte niemand mehr Kuchen essen. Das weiß ich von den letzten Jahren.

Ich habe gehört, dass Max Schröder wieder auf der Bühne auftritt und einen selbst geschriebenen Text vorliest.

---

der Bewohner, die Bewohnerin: die Menschen wohnen in einem Land, einer Stadt, einer Straße oder einem Haus zusammen.

auftreten: auf einer Bühne etwas zeigen

vorlesen: wenn man liest und andere hören mit

Oh nein! Bitte nicht wieder dieser Angeber!

Max Schröder tritt überall auf. Auf fast allen Poetry-Slams in der Stadt und natürlich auch jedes Jahr auf dem Straßenfest. Er denkt, er ist der Beste und Größte und Tollste. Aber seine Texte sind gar nicht besonders gut. Ida weiß das, weil sie zu fast jedem Poetry-Slam geht und Max Schröder noch nie gewonnen hat.
Jeden Monat sitzt Ida mindestens zweimal in einem Theater und hört sich die Texte der vielen Slammer an. Sie selbst schreibt auch Texte. Sogar sehr gute. Das sagen Emil, Papa und ihre beste Freundin Pia immer wieder. Aber sie will nicht auftreten und ihre Texte vorlesen. Noch nicht. Sie hat Angst, dass man sie auslacht. Max Schröder nicht. Angst kennt dieser Angeber nicht.

Wir wissen alle, dass deine Texte besser sind als die von Max. Warum trittst du nicht selbst auf?

Ja genau. Trau dich. Die Menschen werden begeistert sein.

Nein. Ich will nicht. Das wisst ihr.

Aber ich verstehe es nicht. Du hast schon so viele tolle Texte geschrieben. Und nur Emil, Pia und ich kennen sie. Du willst doch selber mal auf einem Poetry-Slam auftreten. Da ist das Straßenfest eine super Übung.

---

auslachen: über einen anderen Menschen lachen

sich trauen: man hat Angst und tut es trotzdem

begeistert sein: wenn etwas sehr gefällt

Ich trete auf keinen Fall auf dem Straßenfest auf.

Warum nicht?

Weil ich Angst habe. Das habe ich euch schon hundert Mal erklärt.

Dann erkläre es zum hundertundersten Mal.

Wenn ich auf der Bühne stehe und meine Texte vortrage, lachen vielleicht einige. Und das will ich nicht.

Und warum glaubst du, dass die Menschen lachen?

Ida zuckt mit den Schultern und antwortet nicht.

Man muss manchmal über seinen Schatten springen, wenn man ein Ziel erreichen will.

Das weiß ich auch. Aber Mut kann man leider nicht kaufen. Ich werde auftreten. Irgendwann. Aber nicht in einer Woche auf dem Straßenfest. Und jetzt hört auf!

---

zucken: ein Teil vom Körper bewegt sich schnell

über seinen Schatten springen: Sprichwort für: sich etwas trauen

der Mut: den hat man, wenn man vor etwas Angst hat, es aber trotzdem macht

2 

# Kapitel 2: Der Plan

Nach dem Essen gehen Ida und Emil zwei Stockwerke tiefer zu Pia. Pia und Ida haben bald eine Mathematikprüfung und Emil ist super in Mathe. Er erklärt ihnen alles. Nach zwei Stunden haben sie keine Lust mehr und Emil fängt wieder mit dem Straßenfest an:

Kommst du nächste Woche auch zum Straßenfest?

Natürlich! Ich liebe unser Straßenfest. Vor allem die Kuchen von eurem Vater. Und ab 22 Uhr spielt wieder die coole Band von Lotte König aus der Zieblandstraße 10.

Super! Auf die freue ich mich auch.

Was sagst du, Pia? Ich finde, dass Ida in diesem Jahr mit einem Text auftreten soll.

Eine gute Idee! Ida, das machst du!

Nicht schon wieder! Wir haben gerade beim Essen schon über das Thema gesprochen. Ich mache das nicht.

Hey, dein letzter Text über das Klima war so super. Ich habe nicht mehr geatmet, so sehr habe ich zugehört.

---

atmen: Luft holen

Trotzdem!

Papa hat total recht: Manchmal muss man über seinen Schatten springen.

Genau! Ich weiß, dass du eine super Slammerin bist. Du musst dich nur einmal trauen. Nur einmal ins kalte Wasser springen.

Soso, ich soll also ins kalte Wasser springen? Und was machst du?

Was meinst du?

Ich meine, dass du dich auch nicht traust. Wie viele Stunden hast du schon auf der Brücke über dem Eisbach gestanden und den Wellenreitern zugeschaut?

Pia zuckt mit den Schultern. Sie weiß es nicht. Sie weiß nur, dass es sehr viele Stunden waren.

Seit Jahren erzählst du, dass du dort surfen willst. Du bist eine gute Surferin. Warum machst du es dann nicht?

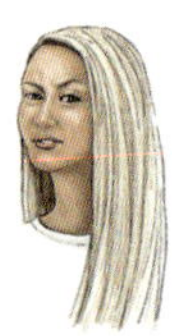

Ich habe Angst. Surfen auf dem Eisbach ist ziemlich gefährlich.

---

ins kalte Wasser springen: Sprichwort für: sich etwas trauen

surfen: wellenreiten

der Surfer, die Surferin: → S. 15

Pia und Emil schauen auf den Boden. Sie sehen aus wie kleine Kinder. Und Ida ist die Mama und schimpft.

---

schauen: sehen

Ida, Pia und Emil legen ihre rechten Hände in die Mitte, schauen sich an und sagen dann zusammen:

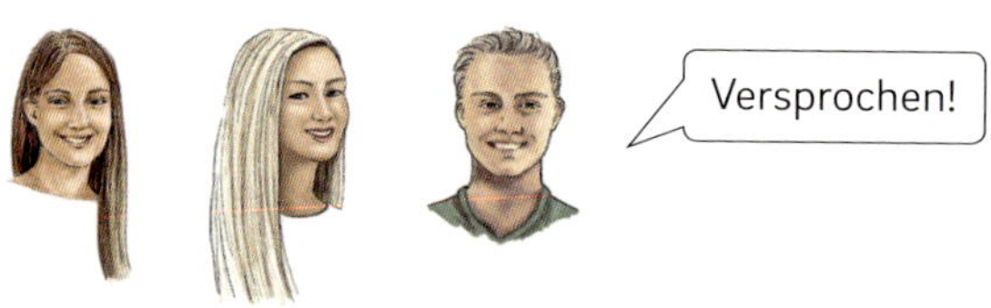


---

sich anschauen: sich in die Augen sehen

Das ist wie ein Vertrag, nur ohne Papier. Die drei Freunde machen einen Plan. Wer macht was? Und wann? Und wie? Später am Abend ist klar: Pia fängt an. Morgen gehen sie zusammen zum Eisbach und Pia wird dort wellenreiten. Danach soll Emil Jule auf einen Spaziergang oder ins Kino einladen und am Freitag auf dem Straßenfest muss Ida mit einem eigenen Text auf der Bühne auftreten.

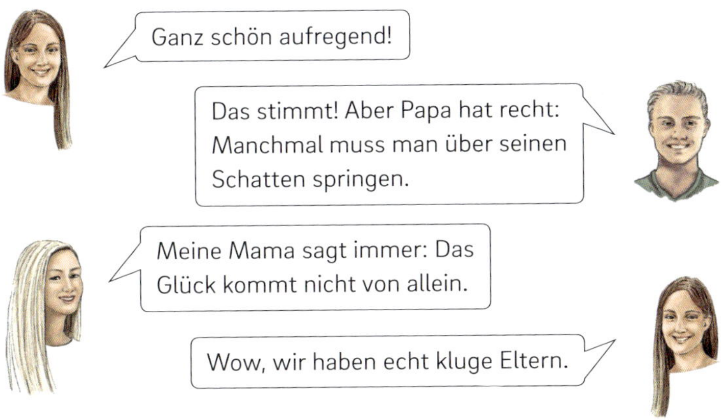

03

# Kapitel 3: Ins kalte Wasser

Am nächsten Tag ist Sonntag und Ida, Pia und Emil gehen nach einem späten Frühstück zur Eisbachbrücke. Pia trägt einen Neoprenanzug und das Surfbrett hat sie unter dem Arm. Auf der Brücke stehen schon viele Menschen. Alle schauen den Wellenreitern zu. Viele Touristen kommen jeden Tag auf diese Brücke. Besonders sonntags. Alle Surfer hier *können* surfen. Manche sind richtige Stars. Sie reiten lange auf der Welle und springen und drehen sich. Ida, Pia und Emil stehen bei den Touristen auf der Brücke und schauen zu.
10 Minuten ... 20 Minuten ... 30 Minuten ... Endlich sagt Pia:

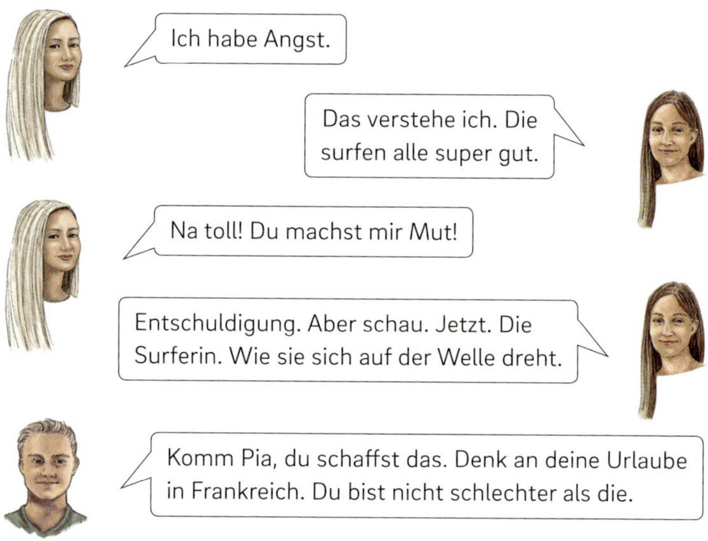


Pia schließt die Augen und holt tief Luft. Dann nimmt sie ihr Surfbrett und geht.

---

der Neoprenanzug, das Surfbrett: → S. 15

der Star: ein sehr berühmter Mensch

sich drehen: *hier:* im Kreis springen

Sie geht!

Sie tut es!

Pia stellt sich in die rechte Reihe der Surfer. Ida und Emil bleiben oben auf der Brücke und schauen zu. Ida denkt:

Was, wenn Pia doch schlechter ist als die Surfer hier? Was, wenn wirklich alle über sie lachen? Oder wenn es doch zu gefährlich ist und etwas passiert? Und das nur, weil ich meine Texte nicht vorlesen will. Oh Mann! Ich bin so ein Feigling!

Ida ist genauso aufgeregt wie Pia. Auch ihr Herz schlägt jetzt bis zum Hals.

Nein, Pia muss das nicht tun. Ich gehe am Freitag einfach auf die Bühne. Wo ist das Problem? Ich rufe sie jetzt.

der Feigling: jemand ohne Mut

Doch Ida ruft nicht. Und Pia ist schon an der Reihe. Sie nimmt ihr Surfbrett und springt in die Welle. Ohne Probleme steht sie auf ihrem Brett. Sie surft ... und surft ... und surft. Jetzt dreht sie das Brett sogar unter ihren Füßen. Die Menschen auf der Brücke applaudieren. Ida und Emil applaudieren am lautesten!

Schnell nimmt Ida ihr Smartphone und filmt. Dann fällt Pia ins Wasser. Das Wasser trägt sie ein paar Meter weiter. Dort klettert sie aus dem Eisbach und kommt zurück auf die Brücke. Ida filmt alles. Pia lacht von einem Ohr zum anderen und ihre Augen leuchten. Sie sieht glücklich aus. Sehr glücklich!

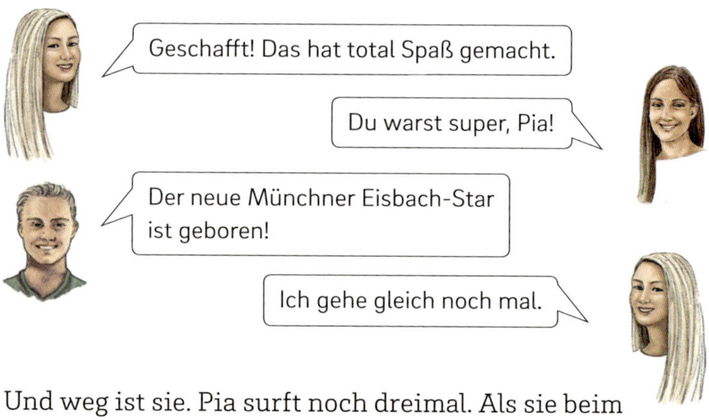


Und weg ist sie. Pia surft noch dreimal. Als sie beim dritten Mal sehr früh ins Wasser fällt, schaut Ida nach rechts und nach links. Niemand lacht. Pia hätte also keine Angst haben müssen.

---

applaudieren: die Hände zusammenschlagen, wenn man etwas gut findet

bravo: super

klettern: sich mit Händen und Füßen nach oben ziehen

leuchten: wenn etwas sehr hell ist

Als die drei nach Hause gehen, läuft ihnen Max Schröder über den Weg. Ida rollt mit den Augen und sagt leise zu Pia und Emil:

Oh nein, bitte nicht dieser Angeber!

Doch da steht er schon vor ihnen.

Hallo, kommt ihr auch am Freitag auf das Straßenfest?

Ja klar. Wieso sollten wir nicht kommen? Wir wohnen auch in der Zieblandstraße.

Dann kommt aber nicht so spät. Ich trete wieder mit einem Text auf. Der ist richtig gut.

Das werden wir dann hören, ob der Text gut ist.

Ihr werdet begeistert sein!

Max geht. Er wartet nicht auf eine Antwort.

Wie kann man sich nur selbst so toll finden? Idiot!

rollen: *hier:* die Augen im Kreis drehen

# 04 Kapitel 4: Verliebt sein ist schwer

Emil weiß: Jetzt ist er an der Reihe. Jetzt muss er Jule sagen, dass er mit ihr ins Kino gehen will. Oder Eis essen oder spazieren gehen oder … WAS soll er ihr sagen? WIE soll er es sagen? WANN soll er es sagen? Viele Fragen und keine einzige Antwort. Er weiß einfach nicht, wie er das machen soll. Wenn Jule in der Nähe ist, wird sein Kopf rot, sein Atem schnell und die Knie werden weich. Dann ist in seinem Kopf nur Chaos und er findet kein einziges Wort. Emil ist schon seit Jahren in Jule verliebt. Er hilft ihr sogar bei Mathe. Wenn er mit Jule über Mathematik spricht, findet er immer die richtigen Worte. Aber nur dann.
Ich muss üben, denkt er. Und das tut er.

Montagmorgen. Emil steht vor dem Spiegel und sucht Worte:

Hi Jule. Ich … also ich will mal was fragen …

‚Ich will mal was fragen', wiederholt er in seinem Kopf. Wie dumm hört sich das denn an!

Hallo Jule. Schön, dich zu sehen.
Magst du Filme?

---

der Atem: was wir atmen

der Spiegel: darin kann man sich sehen

Blöde Frage. ‚Magst du Filme?' Wer mag keine Filme? Das kann doch nicht so schwer sein, denkt Emil. Außerdem muss ich es freundlicher sagen.
Er holt tief Luft, schaut in den Spiegel und sagt:

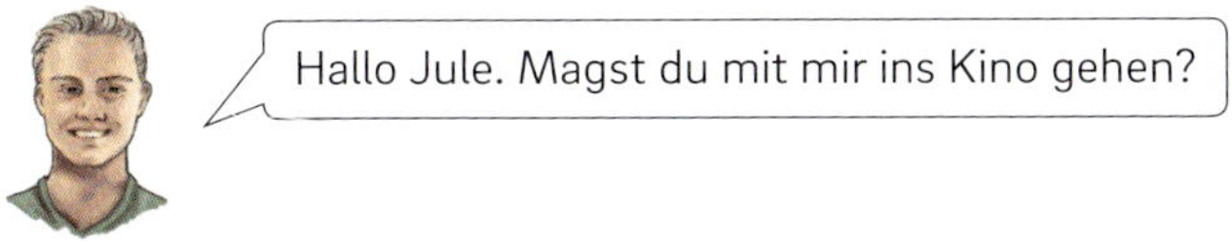


Das ist es! Ein einfacher Satz. Wunderbar!

Er frühstückt und geht in die Schule. Jule geht nicht in seine Klasse, weil er ein Jahr älter ist. Er sieht sie also immer nur in den Pausen.
Erste Pause. Jule ist nicht da. Aber die Pause ist auch sehr kurz. Vielleicht hat sie keine Zeit und bleibt im Klassenzimmer.
Zweite Pause. Da ist sie. Sie ist so schön! Mit ihren langen, braunen Haaren und diesem Lachen. Sein Herz rast.

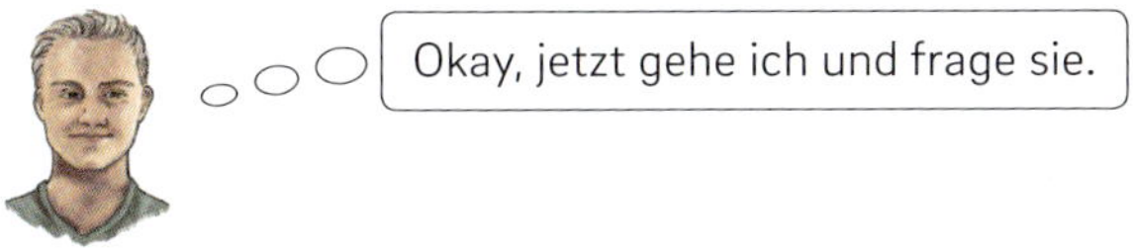


Aber er kann nicht. Sie steht mit ihren Freundinnen zusammen. Sie reden und lachen und haben Spaß. Was soll er tun? Er kann sie doch jetzt nicht fragen, ob sie mit ihm ins Kino geht. Alle würden es hören. Das geht auf keinen Fall.

---

rasen: sehr schnell sein

Ich muss sie beobachten und auf einen guten Moment warten. Wenn sie mal kurz allein ist. Dann gehe ich zu ihr. Ganz einfach.

Aber sie ist nicht allein. Nie. Bis zum Ende der Pause nicht. Und auch den Rest des Tages nicht.

Unglücklich geht er nach Hause. Ida sitzt schon beim Mittagessen. Sie hatte früher Schule aus.

Und? Was hat Jule gesagt?

Ich habe sie nicht gefragt.

Warum nicht?

---

beobachten: sehen, was jemand oder etwas macht

Sie ist nie allein. Sie ist immer mit ihren Freundinnen zusammen. Wie soll ich sie da fragen?

Okay, das verstehe ich. Soll ich dir helfen?

Wie denn?

Hm, wir brauchen einen Plan.

Jule, Ida und Emil gehen in dieselbe Schule, aber in verschiedene Klassen. Ida und Pia gehen in die neunte, Jule in die zehnte und Emil in die elfte Klasse.

Ich muss in Geografie ein Referat über ein Land machen. Ich weiß, dass Jule im letzten Jahr ein Referat über Australien gemacht hat. Das hat mir Susan erzählt. Ich nehme einfach auch Australien und frage sie, ob sie mir hilft.

Schwesterchen, du bist genial!

Ich weiß. Ich frage sie morgen in der großen Pause. Du kommst dazu, ich gehe weg und du hast freie Fahrt.

Das ist ein guter Plan. So machen wir es.

Dienstag. Jule ist krank.

Mittwoch. Jule ist immer noch krank.

---

dieselbe: *hier:* alle gehen in eine Schule

das Referat: etwas über ein Thema erzählen

das Schwesterchen: kleine Schwester

genial sein: sehr gut sein

Donnerstag. Jule ist wieder gesund. Aber Ida macht heute einen Ausflug mit ihrer Klasse und Jule ist wieder keine einzige Minute allein auf dem Schulhof.

Freitag. Heute kann Emil nicht in die große Pause gehen. Seine Apfelsaftflasche ist kaputtgegangen. Und der Saft ist nun überall in seinem Rucksack. Alle Hefte und Bücher sind nass. Schrecklich! Er muss alles putzen und trocknen, weil der Apfelsaft total klebt. Da bleibt keine Zeit für Liebespläne!
Doch als er nach der Schule in den Bus steigen will, sieht er sie. Vor der Schule. Allein! Jule schließt ihr Fahrrad auf. Emil holt tief Luft und geht zu ihr. Er ist schon in ihrer Nähe. Gleich ist er bei ihr. Sicher hört sie jetzt schon sein Herz. Es ist viel zu laut und viel zu schnell. Aber egal. Jetzt wird es passieren. Jetzt wird er sie fragen!
In dem Moment klingelt Jules Smartphone. Sie sieht Emil, lacht freundlich und sagt:

Dann geht sie mit dem Telefon am Ohr nach Hause. Das Fahrrad schiebt sie. Emil hört noch ihre ersten Worte.

Dann ist sie weg und Emil steht allein vor der Schule. Den Bus hat er natürlich verpasst. Und er fragt sich: Wer ist Tom?

---

trocknen: trocken machen ↔ nass machen

kleben: fest an etwas hängen

schieben: *hier:* man geht zu Fuß und nimmt das Fahrrad mit

## Kapitel 5: Von nichts kommt nichts

Als Emil nach Hause kommt, backen Ida und Papa Kuchen für das Straßenfest. Das fängt in vier Stunden an.

Hallo Emil, wie wars in der Schule?

Schrecklich! Alle meine Hefte und Bücher sind voll mit Apfelsaft. Die kleben total. Das kriege ich nie weg.

Oh nein. Aber das ist nicht schlimm. Das kann passieren. Wir kaufen neue.

Jetzt weiß ich auch, warum ich dich in der Pause nicht gesehen habe.

Ja, ich musste wirklich jedes Blatt trocknen. Trotzdem klebt noch alles.

Hast du mit Jule gesprochen?

Natürlich nicht.

Schlecht für dich, gut für mich.

Was bedeutet das?

Ida und Emil erzählen ihrem Vater von ihrem Vertrag mit Pia. Papa lacht und sagt:

Sehr interessant. Und? Geht Pia jetzt oft zum Wellenreiten an den Eisbach?

Sie war diese Woche jeden Nachmittag dort.

Super, dann war es ja gut, dass sie über ihren Schatten gesprungen ist. Und ihr? Wie geht es jetzt mit euch weiter?

Wie immer. Ich schreibe Texte und warte.

Auf was?

Auf eine große Portion Mut.

Es kann passieren, dass man sein Leben lang wartet.

Ha ha. Ich bin 15 Jahre alt, Papa. Ich habe noch genug Zeit. Lass mich in Ruhe mit deinen klugen Sätzen.

Hast ja recht. Und Emil? Was ist mit dir?

Emil schüttelt nur den Kopf. Er weiß es nicht. Er weiß nur eins: Er ist schlecht drauf und will nur noch auf seinem Bett liegen und Musik hören.
Deshalb geht er sofort nach dem Essen in sein Zimmer. Dort klingelt sein Smartphone. Eine Nachricht. Er öffnet den Chat. Es ist Pia.

---

schlecht drauf sein: nicht gut gehen

Und? Wie geht es euch? Hast du Jule gefragt?

Nein.

Wirst du sie heute noch fragen?

Nein.

Gehts dir denn gut?

Nein.

Oh! Und wird Ida heute auf die Bühne gehen?

Nein.

Kannst du auch noch was anderes sagen?

Nein.

Du weißt schon: Von nichts kommt nichts.

Emil rollt mit den Augen. Jetzt kommt Pia auch noch mit klugen Sätzen.

Danke, das hilft, Frau Superklug!

Ich gehe vor dem Straßenfest noch an den Eisbach. Kommst du mit?

Nein.

Das macht ja super Spaß, mit dir heute zu schreiben.

Kennst du einen Tom?

Wieso?

Sag schon. Kennst du einen Tom?

Meinst du den aus der zwölften Klasse? Der Neue mit den langen, braunen Haaren? Ein super Typ. Was ist mit ihm?

Nichts.

Sag schon. Was ist mit Tom? Was hat er gemacht?

Nichts.

Oh Mann, du nervst. Ich geh jetzt. Bis später.

Emil schmeißt das Handy auf den Boden.

Tom ... ein super Typ ... Tom ...

Emil macht die Musik an. Ganz laut! Sie muss lauter sein als dieser Tom in seinem Kopf. Tom! Tom! Tom! Die Musik muss noch lauter! Dann dreht er sich auf seinem Bett auf die Seite und schaut die Wand an. Sie ist weiß. Einfach nur weiß. Total langweilig. Wie er.

---

nerven: blöd sein

# Kapitel 6: Das Straßenfest beginnt

Emil erschrickt. Papa steht vor seinem Bett und brüllt.

Haaaallllooooo!!! Machst du mal die Musik aus?

Waaas?

Die Musik. Sie ist viel zu laut.

Emil macht die Musik aus. Stille!

Hast du bei dieser lauten Musik schlafen können?

Ich kann immer schlafen, das weißt du doch.

Tatsächlich ist Emil eingeschlafen. Er schaut auf die Uhr. Es ist 18 Uhr. Durch das Fenster hört man, dass das Straßenfest schon angefangen hat.

Hilfst du mir bei den Kuchen? Wir müssen sie nach unten tragen. Der große Tisch steht schon.

Okay, ich komme.

---

brüllen: sehr laut sprechen

die Stille: wenn es sehr ruhig ist

Emil und Papa tragen die Kuchen auf die Straße. Sie sehen alle sehr gut aus. Es sind schon viele Menschen hier unten. Autos dürfen nicht mehr fahren. Auf der Bühne arbeiten Menschen mit der Technik, im Grillhaus wird schon gegrillt. Die Würstchen und das Fleisch riechen wunderbar. Von überall kommen Menschen und tragen Essen und Trinken auf die Straße. Aus den großen Boxen neben der Bühne kommt Musik. Die Stimmung ist super. Als die Kuchen auf dem großen Tisch stehen, kommen schon die Menschen und wollen Kuchen essen. Ein Stück kostet einen Euro. Das Geld für das ganze Essen und Trinken sammeln die Bewohner jedes Jahr und kaufen von dem Geld immer etwas für den Spielplatz am Ende der Straße. Papa und Emil verkaufen in den nächsten zwei Stunden alle Kuchen. Um 20 Uhr ist nichts mehr da. So ist es jedes Jahr. Papas Kuchen sind die besten.

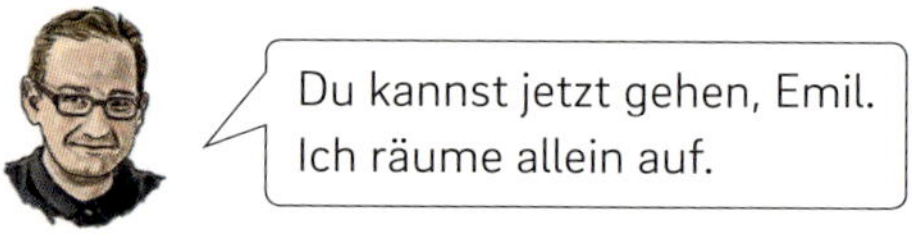


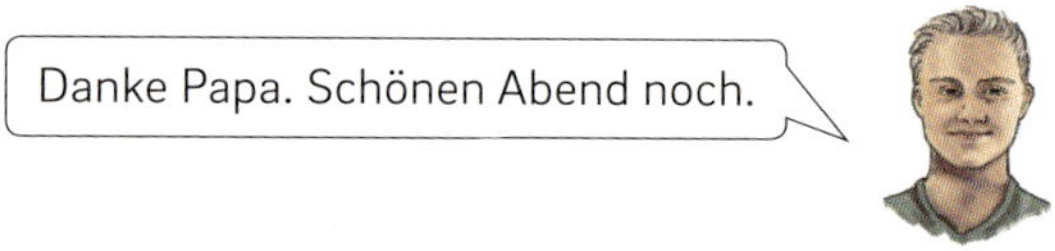


Überall sitzen kleine und große Gruppen an den Tischen. Sie essen und trinken. Sie lachen und reden. Alle haben Spaß. Alle! Nur Emil nicht. Seine Stimmung ist im Keller. Tiefer geht es nicht, denkt er.
Auf der Bühne singt gerade ein Chor Musik von Mozart. Emil mag die Musik nicht, aber die Menschen auf der

---

die Box: da kommt Musik raus

die Stimmung: wie es allen geht

der Chor: viele Menschen singen zusammen

Bühne haben Spaß. Sie lächeln und singen aus voller Kraft. Diese gute Stimmung nervt Emil.

Hi Emil. Habt ihr die Kuchen alle verkauft?

Ja. Sie sind alle weg. Wie jedes Jahr.

Hast du Pia gesehen?

Nein, aber ...

In dem Moment kommt Pia. Ihre Augen leuchten mal wieder. Sie sieht glücklich aus. Super glücklich!

Hallo. Alles okay bei euch? Ihr seht traurig aus.

Ich bin nur müde.

Ich auch.

Habt ihr schon gegessen?
Ich habe großen Hunger.

Ich habe mindestens vier Stück Kuchen gegessen. Ich habe keinen Hunger.

Aber ich. Komm Pia, wir holen uns was.

---

lächeln: kleines Lachen

In dem Moment stellt sich Max Schröder zu ihnen. Er trägt ein buntes Hemd. Er trägt immer bunte Hemden. Er will immer und überall auffallen. Ida rollt mit den Augen.

Hallo. Wie gehts?

Bis jetzt noch ganz gut.

Ich gehe gleich auf die Bühne.
Was ist mit dir?

Was soll mit mir sein?

Liest du endlich auch mal einen Text?

Nein, keine Lust.

Du traust dich nicht, oder?

Doch. Aber ich habe keine Lust.

Wetten du traust dich nicht?

Wieso sollte ich mich nicht trauen?
Ist doch nichts dabei.

Ich sehe dich fast auf jedem Poetry-Slam
und ich weiß, dass du selber auch schreibst.

auffallen: wenn jemand oder etwas von allen gesehen wird

wetten: wer recht hat, bekommt etwas von jemandem

Woher willst du das wissen?

Ich weiß es eben. Und ich frage mich, ob das nicht langweilig ist: immer nur zuhören und nicht selber auftreten.

Ida ärgert sich. Was kümmert der blöde Typ sich um ihre Probleme? Er soll sie in Ruhe lassen. Sie wird wütend.

Nein, das ist nicht langweilig. Ich lese meine Texte erst vor, wenn sie gut sind. Ich mache es also anders als du.

Max sieht Ida tief in die Augen. Ida erschrickt. Sein Blick tut richtig weh.

---

wütend: sehr böse auf jemanden oder etwas sein

Was willst du damit sagen?
Dass meine Texte schlecht sind?

Ida zuckt nur mit den Schultern.

Vielleicht.

Dann nimmt sie die Hand von Pia.

Komm, wir gehen was essen.

Ich komme mit.

Sie gehen weg. Ida spürt den Blick von Max in ihrem Rücken.

Das war hart!

Ja, aber auch irgendwie gut.

Dieser Idiot!

Und seine Texte sind wirklich schlecht.

Das findet Ida auch. Trotzdem fühlt sie sich nicht gut. Max hat ihr nichts getan. Er ist ein Angeber, aber er war nie unfreundlich zu ihr. Und dieser Satz von ihr war echt gemein. Ihre Laune ist im Keller, zusammen mit Emils Laune.

gemein: nicht nett

07

# Kapitel 7: Bühne frei für Max

Ida und Pia kaufen sich Grillkäse und ein Brötchen. Es schmeckt wunderbar. Trotzdem bleibt Idas Laune im Keller. Der Chor hat sein letztes Mozartlied gesungen und die Menschen applaudieren laut und lange. Der Gesang hat ihnen gefallen. Dann geht Max auf die Bühne.

Oh nein! Jetzt kommt der.
Mir wird schlecht.

Max setzt sich auf der Bühne auf einen Stuhl und holt Blätter aus seiner Hosentasche. Dann klopft er einige Male auf das Mikrofon. Es ist an und laut genug.

Hallo, liebe Freunde der Zieblandstraße. Wie schön, dass so viele gekommen sind. Heute lese ich wieder einen Text von mir vor. Einen neuen Text. Ich habe ihn extra für heute Abend geschrieben. Für das Zieblandstraßenfest. Wollt ihr ihn hören?

„Jaaaaa!“ und „Auf jeden Fall!“, rufen die Menschen. „Nein“, denkt Ida, aber sie sagt es nicht. Sie steht mit Pia und Emil neben dem Grillhaus. Viel lieber würde sie jetzt in ihrem Bett liegen mit der Decke über dem Kopf und nichts hören. Gar nichts. Dann fängt Max an:

---

der Gesang: wenn Menschen singen

Mein Haus ist die Zieblandstraße acht,
gleich neben dem Lehrer Herrn Sacht.
Ich weiß nicht, was der immer macht,
ich hör nur öfter, dass es kracht.
Und in der Zieblandstraße zwanzig
wohnt die schöne Frau Kanzig.
Sie wohnt direkt unter Herrn Schlieben.
Ob die beiden sich wohl lieben?
Und die flotte Lotte Kahne,
deren Stimme ist wie Sahne,
wohnt in der Zieblandstraße zehn,
wo alle Menschen schön aussehen.

Die Menschen lachen laut und applaudieren begeistert. Ein Gedicht über die Zieblandstraße und ihre Bewohner. Was für eine gute Idee.
Ida will nicht weiter zuhören. Sie hat genug. Genug vom Straßenfest. Genug von Max. Und vor allem genug von sich selbst. Ihre Texte sind nicht lustig. Ihre Texte sind alle sehr ernst. Keiner wird sie verstehen. Keiner wird zuhören. Keiner wird applaudieren. Keiner! Keiner! Keiner!

Sieh mal Emil, da hinten ist Tom. Du hast mich doch nach ihm gefragt.

Da steht ein großer Junge mit einem Pferdeschwanz und breiten Schultern.

Und da ist ja auch Jule.

krachen: wenn es sehr laut ist

flott: *hier:* schön

ernst: ↔ lustig

der Pferdeschwanz: Haare zusammen machen

Na klar, wo Tom ist, ist Jule nicht weit.

Na super, denkt Emil. Dieser Tom ist riesig, hat tolle Haare und macht sicher viel Sport. Seine Schultern sind so breit wie Emils Kleiderschrank.

Pia, warum hast du mir das nicht erzählt? Du weißt, dass Jule einen Freund hat und machst trotzdem diesen Vertrag mit mir? Das ist gemein!

Da hat Emil recht, Pia.

Pia lacht laut.

Aber nein! Tom ist doch nicht Jules Freund. Tom ist ihr Bruder. Ihr Halbbruder. Sie haben denselben Vater, aber andere Mütter. Tom wohnt erst seit einigen Wochen bei ihr. Sie mögen sich sehr.

Dann hat sie also keinen Freund?

Ich glaube nicht. Aber frag sie doch.

riesig: sehr groß

denselben Vater haben: einen Vater zusammen haben

Wenn ich jetzt zu ihr gehe und mit ihr spreche, muss Ida heute noch auf die Bühne gehen, oder?

Nein, nein, nein. Der Vertrag ist nicht mehr gültig. Zu spät.

Es ist gar nicht zu spät.

Ida wird sauer. Auf keinen Fall wird sie heute auftreten. Gerade hat sie Max gesagt, dass seine Texte schlecht sind. Nicht direkt, aber deutlich genug. Und dass sie ihre Texte erst vorliest, wenn sie gut sind. Und da soll sie heute auf die Bühne gehen? Wer ist denn da der Angeber? Oder besser gesagt: die Angeberin?

Ich werde heute nicht auf die Bühne gehen. Und was ihr macht, ist mir egal.

Mit diesen Worten geht Ida nach Hause. Sie will nur noch in ihr Bett und darauf warten, dass sie ein anderer Mensch wird.

---

sauer: böse

08 ·))

# Kapitel 8: Glück kommt nicht von allein

Ida liegt auf ihrem Bett. Der Wind trägt den Text von Max und das Lachen der Menschen durch das Fenster zu ihr ins Zimmer. Sie steht auf und schließt das Fenster. Trotzdem hört sie noch viel zu viel. Ihre Stimmung fällt tiefer und tiefer. Sie wusste nicht, dass es unter dem Keller noch weiter und tiefer geht. Die Bilder von heute Abend gehen ihr durch den Kopf:
Das Leuchten von Pias Augen.
Max, der Angeber.
Die Bühne.
Der Chor mit der Mozartmusik.
Max auf der Bühne.
Der große Tom mit seinem Pferdeschwanz.
Jule.
Und wieder die leuchtenden Augen von Pia.
Ida nimmt ihr Smartphone und öffnet die Foto-App. Sie schaut sich das letzte Video an. Pia auf dem Surfbrett im Eisbach. Sie klettert aus dem Wasser und kommt auf sie zu. Ida hat noch nie in ihrem Leben ein so glückliches Lachen gesehen. Noch nie.
Draußen ist es ruhig. Max ist fertig. Ob Emil schon mit Jule gesprochen hat? Morgen geht Pia wieder zum Eisbach und Emil vielleicht mit Jule ins Kino. Und sie liegt hier allein auf ihrem Bett und macht nichts. Absolut nichts. Morgen, übermorgen und den Rest ihres Lebens. So fühlt es sich an. Aber so darf es nicht sein.

---

das Leuchten: wenn etwas leuchtet

Ida öffnet den Computer und liest ihren letzten Text. Er ist nicht lustig. Na und? Er ist anders, er erzählt von ihren Gefühlen. Das ist doch auch was, oder nicht?, fragt sie sich. Der Bildschirm wird schwarz und ist fast wie ein Spiegel. Ihr Gesicht ist das Gegenteil von glücklich. Sie schaut sich wieder Pias Lachen auf dem Smartphone an, dann wieder ihr Gesicht, Pias Lachen, ihr Gesicht ... Ein Unterschied wie Tag und Nacht, wie süß und sauer, wie glücklich und unglücklich.
Sie erinnert sich an den Satz von Pias Mama: „Glück kommt nicht von allein."
Schluss! Aus!
Sie steht auf, druckt ihren Text aus und geht mit dem Papier in der Hand auf die Straße. Die Bühne ist leer. Ein Glück! Sie geht schnell. Jetzt nicht denken. Einfach machen! Sie läuft und läuft und redet dabei leise zu sich selbst:

Geh weiter, immer weiter. Bis zur Bühne. Schau nicht nach rechts, nicht nach links. Immer geradeaus. Immer weiter.

Endlich steht sie vor der Bühne. Gerade geht Max wieder die Treppen hoch und Ida denkt:

Will er noch einen Text lesen?
Bitte nicht. Wenn ich jetzt hier warten muss, ist der Mut weg.

Sie geht hinter Max die Stufen hoch. Ihr Herz rast. Ihr Atem geht schnell. Sie stellt sich neben Max. Der hat das Mikrofon schon in der Hand.

---

das Gefühl: was jemand fühlt

ausdrucken: etwas vom Computer auf Papier machen

Max schaut sie von oben bis unten an. Er lächelt arrogant. Ida läuft es kalt den Rücken runter. Doch dann gibt er ihr das Mikrofon.

Max geht. Ida bleibt auf der Bühne. Sie fühlt ihr Herz im Hals, so sehr rast es. Plötzlich steht Pia direkt vor der Bühne.

Ida nimmt ihr Papier, aber sie kann es nicht halten. Ihre Hände zittern zu stark. Also steckt sie den Text in ihre Hosentasche. Sie kann ihn auswendig. Hoffentlich, denkt sie und fängt an.

Am Anfang zittert ihre Stimme, aber dann wird sie ruhiger und ruhiger und sie spürt, wie der Mut immer größer und größer wird. Sie spricht und schaut dabei die Bewohner der Zieblandstraße an. Sie sieht in fast jedem Gesicht ein Lächeln. Und alle hören zu. Keiner isst, keiner spricht

---

arrogant: wenn sich jemand besser als andere fühlt

zittern: wenn man z. B. friert oder Angst hat

das Lächeln: wenn man lächelt

mit dem Nachbarn, alle schauen sie an und in der ganzen Zieblandstraße hört man nur sie. Sie allein. Idas Stimme. Idas Text.

Als sie fertig ist, applaudieren die Menschen aus der Zieblandstraße und rufen laut „Bravo!" Ida hört glücklich den lauten Applaus. Sie sieht ihren Vater. Wie er lacht. Ist das Stolz? Rechts neben der Bühne sieht Ida Pia und Max stehen. Pia ruft immer wieder:

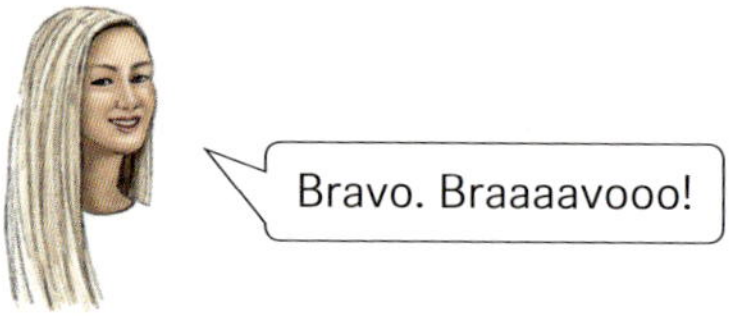


Und Max lächelt. Aber nicht mehr arrogant. Er sieht fast freundlich aus.

Weiter hinten sieht sie Emil. Mit wem redet er da? Das ist doch Jule! In dem Moment legt Emil einen Arm um Jule. Ganz schön mutig, mein großer Bruder, denkt Ida. Wie ich!
Sie verbeugt sich und sagt:

Und alle können es sehen: das Leuchten in Idas Augen.

---

der Applaus: wenn man applaudiert

der Stolz: sich freuen, wenn jemand etwas geschafft hat

mutig sein: wenn man Mut hat

sich verbeugen: den Kopf nach unten und wieder zurück bewegen

## zu „Wer ist wer?" und „Was ist was?"

**1.** **Was passt zu wem? Verbinde.**

a  Ida

b Emil 

c  Pia

d Jule 

e  Papa

f Max 

1 backt die besten Kuchen der Welt.
2 ist ein Angeber.
3 ist die Schwester von Emil und liebt Poetry-Slams.
4 hat Probleme in Mathematik.
5 liebt Wellenreiten.
6 ist in Jule verliebt.

**2.** **Was ist richtig? Kreuze an.**

a Ein Slammer
  1 ○ geht auf die Bühne und liest einen Text.
  2 ○ spielt Gitarre in einer Musikband.

b Poetry-Slam
  1 ○ ist ein Gedicht für Kinder.
  2 ○ gibt es in vielen Theatern.

## zu Kapitel 1

**1.** **Wer spricht? Ida (I), Emil (E) oder Papa (P)?**

a Wer will helfen? P

b Ich helfe dir beim Verkauf. Aber nicht den ganzen Abend. ......

c Ich habe gehört, dass Max Schröder wieder auftritt. ......

d Ich trete auf keinen Fall auf dem Straßenfest auf. ......

e Man muss manchmal über seinen Schatten springen, wenn man ein Ziel erreichen will. ......

**2. Was ist falsch? Korrigiere.**

a Jeden Monat geht Ida mindestens ~~einmal~~ ins Theater.
zweimal

b Ida schreibt selbst auch Briefe. ..........

c Ida will ihre Texte nicht vorsingen. ..........

d Sie hat Angst, dass man sie anruft. ..........

e Angst kennt Max Schröder auch. ..........

**3. Was kann man kaufen? Kreuze an.**

a ○ Abendessen
b ○ Angst
c ○ Kuchen
d ○ Mut
e ○ Schatten
f ○ Auto

## zu Kapitel 2

**1. Ergänze.**

~~Essen~~ • Lust • Mathematikprüfung • Stockwerke • Straßenfest • Stunden

a Nach dem Essen gehen Ida und Emil zwei .......... tiefer zu Pia.

b Pia und Ida haben bald eine .......... und Emil erklärt ihnen alles.

c Nach zwei .......... haben sie keine .......... mehr und Emil fängt wieder mit dem .......... an.

**2. Sortiere die Wörter und schreibe die Sätze richtig.**

a Mut kann man nicht kaufen.
kann – kaufen. – nicht – Mut – man

b ..........
muss – Man – Wasser - manchmal – kalte – ins – springen.

c ..........
von allein. - kommt - nicht – Glück

3. Der Plan. Wer muss was machen? Verbinde.

| | | | |
|---|---|---|---|
| a | Ida | 1 | muss Jule sagen, dass er sie liebt. |
| b | Emil | 2 | muss auf der Eisbachwelle surfen. |
| c | Pia | 3 | muss einen Text auf dem Straßenfest vorlesen. |

## zu Kapitel 3

1. Was passt? *Auf*, *in* oder *unter*? Ergänze.

a Pia springt ........ die Welle.
b Ohne Probleme steht sie auf ihrem Surfbrett.
c Jetzt dreht sie das Brett sogar ........ ihren Füßen.
d Die Menschen ........ der Brücke applaudieren.

2. Am Eisbach. Finde noch 5 weitere Wörter. Markiere die Wörter und schreibe sie zum passenden Artikel.

MNSNEOPRENANZUGFRWWELLENREITERINBGH
SURFBRETTJFLWASSERFGÜBRÜCKEDHSTOURISTJGG

der Neoprenanzug, ........
das ........, ........
die ........, ........

09 3. Hör zu und sortiere das Gespräch.

a ◯ Dann kommt aber nicht so spät. Ich trete wieder mit einem Text auf. Der ist richtig gut.
b ◯ Das werden wir dann hören, ob der Text gut ist.
c ◯ Hallo, kommt ihr auch am Freitag auf das Straßenfest?
d ◯ Wie kann man sich nur selbst so toll finden? Idiot!
e ◯ Ihr werdet begeistert sein!
f ◯ Ja klar. Wieso solltet wir nicht kommen? Wir wohnen auch in der Zieblandstraße.

## zu Kapitel 4

**1. Was passiert bei Emil, wenn Jule in der Nähe ist? Ergänze.**

Chaos • ~~rot~~ • schnell • weich • Wort

a Sein Kopf wird rot.
b Die Knie werden .......... .
c Der Atem geht .......... .
d In seinem Kopf ist .......... .
e Er findet kein einziges .......... .

**2. Was denkt Emil? Verbinde.**

a Hi Jule. Ich ... also ich will mal was fragen.
b Magst du Filme?
c Magst du mit mir ins Kino gehen?

1 Blöde Frage.
2 Das ist es!
3 Wie dumm hört sich das denn an?

10 **3. Hör zu und ergänze die Wörter.**

Ida hat einen .......... (a) (naPl): Sie muss ein .......... (b) (ratfeRe) über Australien machen und sie weiß, dass Jule im letzten .......... (c) (rhaJ) auch ein Referat über .......... (d) (ienralAust) gemacht hat. Ida will Jule in der großen .......... (e) (seauP) fragen, ob sie ihr .......... (f) (enfhel) kann. Emil soll dazukommen.

## zu Kapitel 5

**1. Ergänze die Verben in der richtigen Form.**

a Emil .......... (sein) schlecht drauf.
b Er .......... (wollen) nur noch auf seinem Bett .......... (liegen) und Musik .......... (hören).
c Deshalb .......... (gehen) er in sein Zimmer.
d Sein Smartphone .......... (klingeln).
e Emil .......... (öffnen) den Chat: Es .......... (sein) Pia.

2. Pias Fragen. Was ist richtig? Kreise ein.

a *Hast* / *Bist* du Jule gefragt?
b Wirst du sie heute noch *sagen* / *fragen*?
c Gehts dir denn *gut* / *schlecht*?
d Und wird Ida *morgen* / *heute* auf die Bühne gehen?
e *Kannst* / *Darfst* du auch noch was anderes sagen?
f Ich gehe vor dem Straßenfest noch an den Eisbach. *Kommst* / *Surfst* du mit?
g *Wo* / *Was* ist mit Tom?
h Was *ist* / *hat* er gemacht?

3. Richtig oder falsch? Kreuze an, was stimmt.

a ○ Emil macht die Musik leiser.
b ○ Emil liegt auf dem Bett.
c ○ In seinem Kopf hört er immer „Jule! Jule! Jule!"
d ○ Die Wand ist grau.

## zu Kapitel 6

1. Ergänze *im, neben, aus, auf, von*.

Emil und Papa tragen die Kuchen auf (a) die Straße. Autos dürfen jetzt nicht mehr fahren. ........ (b) der Bühne arbeiten Menschen mit der Technik, ........ (c) Grillhaus wird schon gegrillt. Die Würstchen und das Fleisch riechen wunderbar. ........ (d) überall kommen Menschen und tragen Essen und Trinken ........ (e) die Straße. ........ (f) den großen Boxen ........ (g) der Bühne kommt Musik. Die Stimmung ist super. Als die Kuchen ........ (h) dem großen Tisch stehen, kommen schon die Menschen und wollen Kuchen essen.

**2. Antworte.**

a Was haben die Menschen an den Tischen? – Spaß.
b Wo ist Emils Stimmung? – Im ............ .
c Wer singt auf der Bühne? – Ein ............ .
d Was für Musik singen sie? – Musik von ............ .
e Was nervt Emil? – Die ............ ............ .

**3. Wer spricht, Ida (I) oder Max (M)?**

a (M) Ich gehe gleich auf die Bühne. Was ist mit dir?
b ○ Bis jetzt noch ganz gut.
c ○ Liest du endlich auch mal einen Text?
d ○ Ich lese meine Texte erst vor, wenn sie gut sind.
e ○ Du traust dich nicht, oder?
f ○ Ich frage mich, ob das nicht langweilig ist.
g ○ Nein, keine Lust.

## zu Kapitel 7

11 **1. Der Text von Max. Hör zu und ergänze die Wörter.**

Mein Haus ist die Zieblandstraße acht (a),
gleich neben dem ............ (b) Herrn Sacht.
Ich weiß nicht, was der immer ............ (c),
ich hör nur öfter, dass es kracht.
Und in der Zieblandstraße ............ (d)
wohnt die schöne Frau Kanzig.
Sie wohnt direkt unter Herrn Schlieben.
Ob die beiden sich wohl ............ (e)?
Und die flotte Lotte Kahne,
deren Stimme ist wie ............ (f),
wohnt in der Zieblandstraße ............ (g),
wo alle Menschen schön aussehen.

2. **Was ist richtig? Kreuze an.**

a ○ Max hat ein Gedicht über die Menschen in der Zieblandstraße geschrieben.
b ○ Die Menschen lachen nicht, wenn sie Max zuhören.
c ○ Idas Texte sind auch lustig.
d ○ Tom hat einen Pferdeschwanz.
e ○ Toms Schultern sind schmal.
f ○ Tom ist Jules Bruder.

## zu Kapitel 8

1. **Bilde Wörter und schreibe die Wörter mit Artikel.**

fühl • ~~ster~~ • ler • schwanz • mung • de • Büh • schirm • ~~Spie~~ • Kel • ~~Fen~~ • chen • La • ~~gel~~ • Ge • Leuch • ten • Pfer • ne • Bild • Stim

der Spiegel, ..........., ..........., ...........

das Fenster, ..........., ..........., ...........

die ..........., ...........

2. **Was denkt Ida? Verbinde.**

| | | | |
|---|---|---|---|
| a | Ein Unterschied wie Tag | 1 | Das ist doch Jule! |
| b | Geh weiter, | 2 | nicht nach links. |
| c | Schau nicht nach rechts, | 3 | und Nacht. |
| d | Wenn ich jetzt hier warten muss, | 4 | mein großer Bruder. |
| e | Mit wem redet er da? | 5 | immer weiter. |
| f | Ganz schön mutig, | 6 | ist der Mut weg. |

**„Wer ist wer?" und „Was ist was?"**
1. b 6, c 5, d 4, e 1, f 2
2. a 1, b 2

**Kapitel 1**
1. b E, c E, d I, e P
2. b ~~Briefe~~ Texte, c ~~vorsingen~~ vorlesen, d ~~anruft~~ auslacht, e ~~auch~~ nicht
3. a, c, f

**Kapitel 2**
1. a Stockwerke; b Mathematikprüfung; c Stunden, Lust, Straßenfest
2. b Man muss manchmal ins kalte Wasser springen.
c Glück kommt nicht von allein.
3. b 1, c 2

**Kapitel 3**
1. a in, c unter, d auf
2. der: Tourist
das: Surfbrett, Wasser
die: Brücke, Wellenreiterin
3. c, f, a, b, e, d

**Kapitel 4**
1. b weich, c schnell, d Chaos, e Wort
2. b 1, c 2
3. a Plan, b Referat, c Jahr, d Australien, e Pause, f helfen

**Kapitel 5**
1. a ist; b will, liegen, hören; c geht; d klingelt; e öffnet, ist
2. b fragen, c gut, d heute, e Kannst, f Kommst, g Was, h hat
3. b

**Kapitel 6**
1. b Auf, c im, d Von, e auf, f Aus, g neben, h auf
2. b Keller, c Chor, d Mozart, e gute Stimmung
3. b I, c M, d I, e M, f M, g I

**Kapitel 7**
1. b Lehrer, c macht, d zwanzig, e lieben, f Sahne, g zehn
2. a, d, f

**Kapitel 8**
1. der: Keller, Pferdeschwanz, Bildschirm
das: Lachen, Gefühl, Leuchten
die: Bühne, Stimmung
2. b 5, c 2, d 6, e 1, f 4